JN437810

선탈蟬脫

김기옥

아호 : 예솔藝率, 소정素丁.
1996년 계간《현대시조》신인상으로 등단.
시조집『그리움 그 푸른 악보』『바다로 가는 것은』『선탈』출간.
현대시조 좋은작품상, 제11회 강원시조문학상, 제1회 강릉문학 작품상 수상.
한국문인협회 전통연구위원, 한국시조시인협회 회원, 한국여성시조 이사, 강원문협 이사, 강원여성문학 이사, 강원시조 이사, 후조문학 이사, 강호시조 회장, 문학을 사랑하는 사람들 사무국장 역임. 관동문학 회원.
강릉교육문화관 명예 사서, 문화의집 책 읽어주는 문화봉사단, 국학진흥원 아름다운 이야기 할머니 활동.
k2ok7103@hanmail.net

선탈

—

초판 1쇄 2018년 6월 20일
지은이 김기옥
펴낸이 김영재
펴낸곳 책만드는집

—

주소 서울 마포구 양화로3길 99 4층 (04022)
전화 3142-1585 · 6
팩스 336-8908
전자우편 chaekjip@naver.com
출판등록 1994년 1월 13일 제10-927호

* 이 책은 강원도, 한국문화예술위원회, 강원문화재단 후원금으로 발간되었습니다.

—

ISBN 978-89-7944-658-6 (04810)
ISBN 978-89-7944-354-7 (세트)

책 만 드 는 집 시 인 선 111

선탈蟬脫

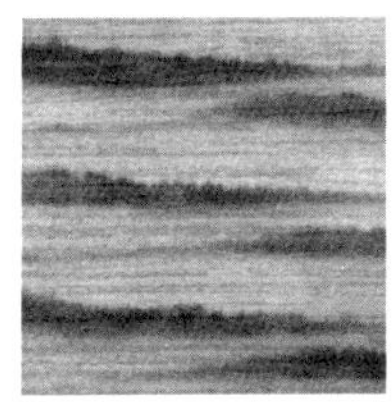

김기옥 시조집

책만드는집

| 시인의 말 |

어지럽고 힘든 세상, 어려움에 맘 조이며 살아가는 것이 우리 삶이지요. 하지만 자연의 순리처럼 어김없이, 모질게 추운 겨울이 지나면 봄이 오고 눈이 부시게 꽃을 피우며 푸른 잎들이 기지개를 펴듯이, 어려움을 견디면 다시 행복이 오리라는 꿈을 가지고 사는 것 역시 우리 인생살이입니다. 요즘처럼 급변하는 세상, 남과 북이 만나 65년 분단의 역사가 종전 선언을 통해 종식되고, 냉전 해소와 비핵화로 얼어붙은 동토의 겨울 껍질을 깨고 평화통일의 선탈을 함으로써 진정한 새 역사가 이루어지길 바라며, 신록이 싱그러움을 뽐내는 아름다운 이 계절, 저도 매미가 허물을 벗듯 새로운 마음으로, 두 번째 시집 이후 7년 만에 『선탈蟬脫』이라는 이름을 달아 이 시집을 세상에 올립니다.

삶에서 만난 아름답고 시린 편린들을 쓰다듬으며, 마음에 말 걸어오는 풍경과 대화하며 소통하고, 거친 세상

나를 조금이나마 진실한 독백으로 정화하고 순화하는 과정으로 삼고 글을 씁니다.

우리 전통문학인 시조를 쓰는 시인으로서 긍지를 안고 등단한 지 20년이 지났지만, 아직도 성근 글 좀 더 좋은 작품 그리기에 늘 꿈을 꿉니다. 정형 고유의 틀 속에 큰 세상을 자유롭게 넣어, 지혜와 창조의 뿌리 깊은 나무를 심는 것과 같은 사명감을 느끼며, 그 묘미와 매력에 시조를 씁니다.

저는 10년 전부터 강릉교육문화관 명예 사서로 어르신들께 책 읽어주는 자원봉사와 문화의집 책 읽어주는 문화봉사단 활동을 하고 있습니다. 5년 전부터는 국학진흥원 아름다운 이야기 할머니 활동으로, 저의 이순의 행보가 매일 바쁘고 보람 있고 기쁘며 행복합니다. 남들은 뭐 그리 바쁘게 사느냐 하지만 나의 작은 도움으로 누군가 행복해진다는 것은 곧 내가 행복해지는 길이기도 하기 때문입니다.

다섯 살 어린아이에서 백 세 어르신들에 이르기까지 이야기하고 책 읽어주는 그것이 서로 이해하며 끌어안고, 서로 말 걸어주며 위로와 용기로 꿈과 희망을 주고 같이 울고 웃으며 더불어 살아가는 생활이요, 삶이지요. 그 공감으로 글을 쓰며 또한 그런 과정이 나를 돌아보고 남을 포용할 줄 아는, 푸근한 마음의 여백을 넓히는 끈이 된다고 생각합니다.

이 시조집을 낼 수 있도록 저를 선정해주신 강원문화재단에 큰절 올립니다. 그리고 늘 제 글쓰기에 격려와 가르침을 주시는 남진원 선생님, 박영교 선생님께도 감사드립니다. 또 곁에서 묵묵히 위로와 사랑으로 밀어주는 가족들과 문우들 모두 고맙습니다. 사랑합니다.

—2018년 6월 강릉에서

김기옥

| 서문 |

좋은 시와 좋은 시인, 문향의 향기

박영교 시인 · 한국시조시인협회 수석부이사장

강릉은 예로부터 문향의 고장이다. 그곳에 살고 있으면서 작품 활동을 하는 문인들은 축복받은 사람들이다. 보는 것마다 작품이 탄생되고 듣는 것마다 작품의 메아리가 솟아나는 옹달샘과 같으므로 퍼내 쓰고 또 써도 모자람이 없는 작품 생성의 근원이 되는 것이다. 많은 역사 속에서도 항상 훌륭한 인재가 탄생하고 잊히지 않는 글이 남아서 전해지는 곳이 또한 강릉이라고 생각한다.

김기옥 시인은 바로 이 강릉의 산증인인 동시에 그의 시조도 함께 좋은 작품으로 표현되고 있음을 볼 수 있다. 훌륭한 시는 그 시인의 생활 속에서 태어나며 그 생활은 그곳의 활동 속에서 살아나기 때문이다.

정신분석학자 프로이트는 우리 인간에게 있어서 한 가지 공통점이 있는데 그것은 바로 '위대한 사람이 되려는 욕망'이라고 했다. 우리가 살아가는 동안 위대한 사람이 되는 것은 어렵지만 열심히 살다 보면 우리가 살고 있는 이 사회에 쓸모 있는 인생이 되거나 다른 사람에게 좋은 일을 하는 중요한 사람이 될 수 있었으면 하는 생각이 들 때가 있다. 김기옥 시인은 자기가 살고 있는 바로 그 지역에서 이웃을 위한 봉사를 하며, 그 지역사회에 꼭 필요한 사람, 중요한 사람으로 살아가고 있는 훌륭한 시인이다.

우리가 알게 모르게 남에게 도움을 주고 산다는 것은 훌륭하고 중요한 사람이 되는 것이다. 사람은 살아 있을 때만이 사람이다. 이승을 떠나면 곧 잊히는 것이 사람이지만 그래도 이 세상에 사는 동안 누구에게든 중요한 사람이 된다는 것은 프로이트가 말한 위대한 사람이 되는 것이다.

김기옥 시인은 시도 좋지만 한 인간으로서도 위대한 사람이라고 생각한다. 시집 상재를 충심衷心으로 축하하는 바이다.

| 차례 |

1부 강물처럼

2부 나를 돌아보기

3부 선탈

4부 따뜻한 동행

5부 길 위의 한 풍경

1부

강물처럼

가슴

심장이 벌렁거리는 목숨이 들어 있고
가져갈 수 없는 것의 통증이 숨어 있지
평생을 들고 나는 생 맥박 뛰는 내 일상

어머닌 다독이는 긴 시간의 조바심을
자식은 반항으로 부풀어 질주하고
마음이 호흡을 불러 아우르는 사랑법

남보다 재빠르게 세상은 머릿속으로
살아야 한다는데 눈치 없고 어눌해서
나날이 뜨거운 마음만 끌어안고 산다네.

진달래

겨우내 침묵한 산

안으로 간직해온

분홍빛 사랑 노래

봄 햇살에 풀어놓고

선연히
봄날을 태우고
사라지는
혼의 빛.

발 앞에서

창 앞에 드리워진 갈대발 행간으로
기웃거리는 햇살 바람 얼비치는 빗살무늬
안온한 포용의 몸짓 안과 밖의 조절 등

그윽한 공간 분리 발 한 자락의 여과로
내 허물 가리고 한 생각 가다듬어
소박한 기쁨을 꺼내 펼쳐보는 멋과 조화

세상을 재고 싶은 관조하는 안에서의 눈
보일 듯 보이지 않는 밖에서의 망설임의 선
조용히 일렁이는 발 삶의 자락 한 풍경.

초당 그대의 뜰에서

–허난설헌 생가 헌다례 제전에서

청솔 향기 바람에 어려 푸른 혼이 맥박 뛰는
긴 행간 명상으로 얼을 지킨 허난설헌 뜰
축하객 꽃구름처럼 방방곡곡 모인 손님

사백 년 시혼을 밟은 오늘은 그대 뜰로
꽃술 치마 차려입고 동해 푸른 용 불러 타고
영롱한 꽃 그림자로 오십시오 사뿐히

이 자리 님을 향한 경건한 마음들이
봄꽃 화음 메아리 속 맑은 차 올리오니
기쁘게 흠향하시고 따뜻한 정 누리소서

선경을 넘나들며 홍길동 탄생시킨
꿈속에 노닐었던 광상산 무릉도원
오 문장* 혼이 숨 쉬는 문학 산실 옛 터전.

* 조선시대 때 강릉의, 초당이 호였던 허엽 시인과 네 자녀 허성, 허봉, 허초희(허난설헌), 허균 이 다섯 사람을 오 문장이라 하며, 아버지 허엽의 호가 마을 이름 초당이 되었다고 한다.

달팽이

집 한 채 등에 지고 온갖 세상 헤쳐 가며

오감의 촉각으로 만져보고 느끼면서

우주의
가장 멋진 길
나를 찾는 생각 지도

촉촉한 삶 찾아가요 끈끈한 사랑으로

너 값진 것 보기 위해 더 값진 것 듣기 위해

선불리
파악할 수 없기에
눈 귀 닫고 더듬이로.

강물처럼

생의 원천 그 앞에서 흐르는 삶을 배우네
생각도 물의 깊이도 어느 굽이 어느 여울목
저만치 휘어진 강물길 내 선 자린 어딜까

때로는 마음 급해 우르르 뛰다가도
유유히 한적을 짚어 사는 것 실험하면서
물고기 지느러미 타고 생의 모험 떠나지

어느 굽이 달리다가 낯선 친구 만나서도
쉽사리 얼싸안고 기쁨도 괴로움도
감싸서 포용해주는 그 용기가 부럽소

물그림자 거울 속엔 내 꿈도 띄워보고
물안개 피어나면 내 허물도 묻어두고
황홀한 저녁 낙조엔 내 영혼의 길도 낸다.

문턱

누구나 맞이하는 시작의 걸음마 길

넘어지고 일어서는 꿈이 되고 장애가 되는

새로운
열림의 빗장
아름다운 설레임

무지개 찾아가는 도전과 성취의 관문

어느 문턱 머물러선 서성이며 망설이고

살면서
수없이 맞는
인생길의 줄넘기.

인제 자작나무 숲

유월 푸른 환한 함성 원대리 자작나무 숲
비밀의 하늘 마루 거침없는 숲 메아리
땀방울 거친 숨 몰아 자작나무 떼 만났다

깊은 골짝 굽이돌 때 몰래 숨어 몸 익힌
빠알간 산딸기며 수줍은 동자꽃과
보랏빛 방울을 묶은 엉겅퀴도 만났지

부신 햇살에 아른대던 연초록 이파리가
화사한 악보 되어 최고의 위문 공연
세상 밖 말간 성지 같은 자작나무 하얀 꿈.

객사문의 봄
-강릉

알싸한 꽃샘바람 돌담길 굽어 돌아

객사문 안 청매화에 봄 우표 붙이고서

역사 속
긴 사설 풀어
송이송이 향기 뿜네

긴 시간 휘돌아 온 봄 한 자락 필을 감아

귀한 손님 영접하던 대청마루 난간으로

아득히
바람을 꿰며
봄을 여는 새소리.

마음의 냄새

서로를 재어보는 갑질의 마음 심보
의도적인 오기로 씹히는 상처들을
누군가 칭찬과 용기로 보듬어준 일 있는가

자신들 생각의 밥 사랑이란 입 냄새로
꽁꽁 언 풀리지 않은 마음의 줄기를
남에게 문 열어주며 안아준 일 있는가

부모님이 씹어주는 자식 위한 침샘 자극
덜 익은 삶의 음식 바르게 맛을 찾고
마음의 바른 양치질과 양심으로 닦아보자.

가을 사색

누군가를 사랑하는 그리움이 가을이라면

얼마나 그윽할까 가득 채운 든든한 맘

홀홀히
비워 맑아지는
삶의 쉼표 그 무한함

달에 난을 치려고 푸른 붓 들고 보니

단풍 궁궐 환한 밤 글 읽는 귀뚜라미

달빛은
사색을 끌고
내 마음도 쓰다듬네.

꽃 종소리

봄빛 여울 아른대는 만개한 벚꽃 터널

윙 윙 윙 꽃 메아리 쟁 쟁 쟁 꽃 종소리

연분홍
꽃그늘 아래
두근대는 가슴 안고

스무 살 적 귓가에는 환상적 비발디 사계

이순의 귓전에는 허허로운 바람 소리

생각을
포개 들고서
잃은 소리 찾고 있다.

나이테

구불구불 몸 전체로 동그랗게 새겨진 나이

봄여름 가을과 겨울 온갖 세상 이겨낸

살아온
멋진 생의 흔적
그냥 생긴 것 아니지

오랫동안 외로움과 절대 고독을 통하여

내 철학 만들어지고 철들수록 선명해져

진정한
삶의 그림지도
그려진 길의 나침판.

덤

한 움큼 마음을 얹어 향기로 묶어주는

실천하는 사람만의 여유와 풍미이다

후덕과
따뜻한 교감
마음 한 줌 깊은 정

서로를 포용하는 넉넉한 피안의 길

고운 덤 다스려서 거친 여백 채워가는

삶 속에
감칠맛 나는
아름다운 마음 솔기.

뻐꾹 소리

뻐꾹뻐꾹 메아리 타고 톡톡 감꽃 웃음소리

긴 시간 돌아서도 어린 고향 그리움이

아련한
꽃으로 피어
자박자박 걸어온다

할머니 어머니가 다정히 불러주며

쓰다듬던 푸른 음률 스치는 내 마음속

투명한
꽃그늘 아래
아리아리 흔든다.

상강 무렵 선재길

늦가을 선재길로 상원사 가는 길은
흐느끼듯 저며오는 집시 선율 찬 바람이
낙엽을 머리에 이고 나비처럼 허물 벗네

줄지은 오솔길로 들국화 향기 타고
옷 벗은 나무 사이 오늘 나도 풍경이 되어
떠나는 가을 인사를 다람쥐가 배웅하네

일그러진 낙엽 단상 대지에 귀의하며
떠남이 만남임을 지는 잎이 발등을 덮네
무소유 법정 스님의 텅 빈 충만 읽는다.

필사筆寫

좋은 글 따라 쓰기 한 땀 한 땀 수를 놓듯

행복한 자기 고백 생각을 내려놓고

조용히
따라 쓰다 보면
멋진 문장 감동 물결

또박또박 불러내면 주옥같은 속 글들이

내 영혼에 스며들어 별처럼 속삭이며

내 마음
허기를 채워
샘물처럼 찰랑인다.

우산

하늘땅 저리 깊게 빗금의 경계선을

삶의 길 다독이는 따뜻한 작은 집은

사랑을
끌어당겨서
이마 맞댄 만남을

바람도 거친 호흡 한 어깨 비 젖어도

함께라는 긍정의 정 몸 기대며 걸어가면

감사의
아름다움이
무지개로 뜨지요.

풍등

매듭 없는 바람의 길 그대의 힘 믿노니
두근대는 떨림으로 환희와 소망 사랑
갈망을
밀어 올리며
활짝 펴는 꿈 나래

끝을 알 수 없는 창공의 반짝이는 꿈 조각을
붉은 여명 새 길 위로 해맑은 빛의 노래
정갈한
새해 눈 맞춤
희망 실은 꿈 조각들.

그림자

텅 빈 들과 어깨동무한 찬 바람 그리움들

눈 감고 뒤돌아보면 훤히 꿰는 꽃자리들

고향은
일기장 속에서
뒤척이며 부른다

아등바등 삶의 무게 긴 강을 건너가고

돌이킬 수 없는 시간 그 속을 빠져나간

사람들
애증으로 남아
사랑의 편지를 쓴다.

2부

나를 돌아보기

가을 강

봉의산 단풍빛이 너울너울 내려와

소양강 여울물에 숨바꼭질하더니

공지천
상상마당에
무지개로 걸렸다

강에게 마음 주니 설렘으로 울렁울렁

떨리듯 손 내미는 수줍은 친구처럼

활짝 연
가을 한 페이지
붉게 타는 가을 강.

거울

–봉사의 마음

어떻게 비춰질까 내 마음의 거울 하나
열정으로 다가서서 수시로 돌아본다
희망의 따뜻한 씨앗들 신뢰 배려 사랑을

내 것 아닌 서로 향함 물질은 풍요롭고
마음 깊인 얕아지고 마음 씀도 얇아지고
탐욕은 마음 곳간을 슬그머니 털어 가네

마음의 심지 하나 올곧게 걸어두고
베풂과 배려 안아 새 세상 열어가면
손잡고 함께 갈 친구 마주 보는 따뜻함.

모루에서

이순의 귀로에서 고향 뜰 들어서니
어린 내 발자국들 그림자로 어리고
정답던 부모 형제들 삐꾹 소리로 남았다

지나온 시간의 굴레 삶의 고비 굽이마다
아롱다롱 울퉁불퉁 여기저기 부딪치며
간절한 눈물의 기도 무지개로 뜨기를

단단하게 버티어온 뜨겁던 내 모루엔
뚝딱이던 삶의 박자 수많은 담금질에
다져진 오늘의 자리 눈시울이 아리다.

나를 돌아보기

독서는 또 하나의 나를 보는 거울이다
책 속에서 나를 읽고 내면의 우물 속으로
텀버덩 꿈의 두레박 던져보자 설렘으로

몰랐던 가치와 진실 천천히 찾아보고
충고에 가슴 뜨끔 고개가 끄덕여진다
감정을 내밀어 보고 대화도 나누면서

가끔은 멈추어서 책과도 밀당한다
떨리는 감동으로 사랑도 느껴보고
부재의 슬픔까지도 상통하는 희열로

때로는 뜻깊은 한 줄의 글 속에서
새로운 앎의 기쁨 가슴 뛰며 다가오고
애타는 그리움으로 충전한다 즐거움.

균형

어긋난 행적들이 난무하는 세상사들

위만 보고 앞만 보고 자기들만 최고라니

옆도 좀
살펴봅시다
조절 렌즈 맞추어

우주의 법칙도 때론 불협화음 때문인가

균형의 체계들을 잃어버린 계절의 무게

자연의
이상 기온에
속수무책 인생사.

가을비에 묻다

숯불 같은 단풍이 추적추적 가을비에

마지막 빛을 붙들어 세상에 외치고 있다

가을빛 두툼한 섭리 낙엽 되는 진리를

허기로 찬 내 안에 나 얼마만큼 더 버려야

고갈된 창조 샘물 다시 맞아 또 내가 될까

그 옥수 퍼 올릴 수 있는 마중물을 만날까.

명상

맑고 둥근 거품 안에 오롯이 내가 있다

고요한 침묵 안에 어수선함이 차분하게

내 안에
명료한 길이 난다
순화되는 내 마음

나무와 새소리가 바람과 물소리가

마음을 다독이며 어느 순간 답을 한다

자연과
나와의 대화
하나 되는 대우주.

낙산사행

헝클어진 맘 다독일 땐 무작정 달려간다
일주문 들어서면 왠지 벌써 설렘은
무얼까 마음의 온기 내가 반겨 맞고 받는

원통보전 가는 길은 궁궐을 통과하듯
전각들 단청 멋진 담장 깨어진 구층석탑
화마로 다시 깨어난 범종각의 의연함

길에서 길을 물으며 나를 찾아가는 길
마음 한켠 응어리를 동해에 일어내며
의상대 말간 바람의 노래 나를 불러 세운다.

그리움

문득 한 컷 실루엣 오롯이 피어나는

안타까운 보고픔이 내려놓고 덮으려도

이끌려
끊이지 않는
다시 묻는 마음 안부

또 하나의 하늘에도 내 속에 숨은 나도

절절히 잡히지도 끝나지도 않는 나의 기도

돌이킬
상생의 노래
다시 불러봅니다.

가을 선자령

대관령 굽어 타고 단풍빛 머리에 이고

물소리 억새꽃도 모두가 친구 되어

하이얀 풍력발전기 바람개비 윙 윙 윙

산 위에 파란 바다 하하 호 웃음 파도

오르고 내려가는 신나는 삶의 지도

오늘은 선자령 등산 하늘 정원 힐링 길.

사랑은

사랑은 바람이다 흔들리며 깊어지는

자연의 섭리처럼 운명이고 선물 같다

때로는 상처일지라도 끌어안고 사는 것.

강화도 보문사

석모도 낙가산의 눈썹바위 암벽에서
세상 만물 굽어보시는 관세음보살상은 마법처럼
사람을 불러들인다 멋진 나한 친견 위해

중생 구제 몸 낮추신 광대무변함 가르치고
어부가 건진 석불 꿈 현몽대로 동굴에 모셔
복락을 누리었다는 관음 성지 보문사

사람들은 바위 깎아 부처님을 찾아냈다
자비와 믿음이 돌계단 밟아가듯
고요한 생각을 만나고 봄과 함께 나들이

바다를 바라보며 마음의 길을 열면
우리가 잃어버린 아득한 꿈 조각들이
오백의 나한상들로 풍자한다 세상을.

바둑

사각선 위 흑백논리
한 집 두 집 집을 짓고

좌우 종횡
오르내리며

끊고 잡고
죽고 살고

고요 속
치열한 전쟁
생각의 힘 한판 승부.

반딧불이

깨끗한 청정 지역
여름날 빛나는 청춘

밤하늘은 나의 무대
달빛 고운 숲을 날며

자유로
삼라만상을
반짝이는 꿈 나래.

봄빛 나라

혹한과 그 많던 눈들 어디로 다 보냈을까

아린 바람 손끝으로 살랑대는 바람의 향기

봄바람
마술 피리로
꽃 메아리 가득한

연둣빛 날개 타고 내 마음 따라가면

먼지 앉은 기억의 문 살며시 열리고.

생각의
물고를 트는
만나고 싶다 너의 나라.

선암사에서

오랜 과거와 오늘의 공존이 맑은 허공 다독여서
따뜻한 길을 냈을 순천의 천년 고찰
빛바랜 단청까지 해맑은 사색으로 걸렸다

승선교 건너 내려 원에서 찾는 아득함
돌고 도는 세상사처럼 한 풍경의 물굽이
시리게 맴돌아 가는 소 푸른 줄기 흰 동그라미

뒷산 자락 야생 녹차 찻잎과 범상한 기운
순천의 물과 바람 일심과 오감으로
사람도 자연으로 사는 고요 안은 한 잔의 차.

세모의 거리에서

-한 해를 보내며

또 한 해 넘기면서 어두운 기억들을
떨치려는 인파로 넘실 궁핍했던 시절보다
표정은 웃고 있으나 묻어나는 조바심

인생의 갈피마다 긴장과 대립 연속
불화를 싹 틔우는 분석적 시선들이
설원을 달려온 기차처럼 긴 한숨 뿜어낸다

춘하추동 흘러가는 우리네 인생살이
꿈틀대는 새 대지로 또 한 해 지평 여는
어깨가 굽실거리며 진화의 춤 날개 편다.

순천만

—봄

겨울바람에 시달린 갈대는 뼈만 남았다
수천수만 철새 떼가 뒤적여놓은 뻘 속에서도
하늘의 순리에 따라 삐끔삐끔 봄이 열린다

철새들 날개 사이로 계절이 들락거리고
순천만은 오감의 느낌 삐꾹 소리로 육감이 된다
자운영 분홍빛 머리로 봄바람이 건너간다.

광릉숲

오백 년 왕의 숲으로 자연 산림 박물관으로
수많은 나무들과 곤충과 각종 들꽃들
오래된 고목나무에 기대 사는 생물들

크낙새 딱따구리, 하늘소와 장수풍뎅이
소리 없는 움직임으로 삶의 원천 꾸리며
왕의 숲 또 하나의 우주 나무바다 생명 숲

왕들은 죽었지만 생명처럼 수많은 부활
죽은 자 터전에서 새 생명이 움트는
광릉숲 지켜온 힘은 효와 사랑과 자연.

설악산

설설 기며 악으로 올라가는 산이라네
파도치는 일상처럼 설레는 산 능선들
산 첩첩 삶의 고락도 말없이 받아준다

공룡능선 귀때기청 수억 겁의 세월 입고
연꽃이 구름에서 반만 핀 모양 같은
꽃잎 산 연화 반개산 울산바위 천부산

제목은 하나인데 그 안에서 자라난
해석과 수만 형상 안개 속 행간까지
설악은 마음의 유산 찾아야 할 희망봉.

3부
선탈

긍정의 눈

수없이 변화하고 끊임없이 대립하며

분쟁으로 일어나는 굴절된 모순의 창

프리즘
내려놓고 보자
소통의 길 열리게

수시로 눈 내리는 우리 삶 아니던가

과거는 아쉽고 현재는 불만스럽고

미래는
불확실성에
두렵기만 한 이 세상.

얼룩 깃털

지난밤 꿈속에서 하늘을 날아다니는
공룡을 보았는데 산책길에 작고 얇은
새 깃털 알록알록한 무늬 만나 반갑다

누구의 분신인지 내게 준 생각의 선물
날개에 붙었어야 날 수 있고 춤출 텐데
비행이 전부가 아니다 내 존재의 모습 같다

걸맞은 만남으로 통째로 읽어내는
극락조의 고운 빛깔 멋지고 긴 꼬리까지
공룡의 진화된 꿈이 작은 깃털로 만났다.

도서관엔

물음표를 알아감으로
통하는 길 찾는 곳
문 하나하나마다
각기 다른 이야기 방

은유의
통로가 있고
상징의 창이 있다

고요한 긍정으로
기쁨도 즐거움도
내 허기 채워야 할
수수께끼 호기심 천국

미지의
세계로 문 여는
진실한 꿈의 통로.

광화문광장에서

−2016년 겨울

겨우내 성난 아우성 모순을 입에 넣고
아린 바람에 가슴 시린 뜨거운 촛불을 들고
우리의 모든 내면을 뜨겁게도 흔들었다

저마다 가두었던 마음의 응어리를
광장에서 소통하고 서로의 존엄성 회복
모두의 진정성을 찾아 헤매었다 밤길을

길은 도시의 핏줄이며 광장은 정신이다
진실과 민주 희망 부르짖는 혁명 물결
역사의 광화문광장은 늘 메아리로 서 있다.

뜬소문

어디서 날아왔나 작은 개울 적시던 말
허공을 떠돌다가 풍선처럼 부풀어서
가만히 있지 못하는 방랑벽에 걸렸네

불어터진 시간에서 고치지 못함 알고
꽃나무 무성하게 허울만 키웠다네
멋대로 터 잡고 들어와 불면으로 지새우며

누군가 가슴에 들어 화해의 촛불 밝히더니
고운 씨앗 심으면서 용서로 노크했네
그제야 조용해지는 낮달 하나 띄웠다.

새벽

어둠의 껍질 깨고 한 꺼풀씩 허물 벗으며

세상을 열기 위해 엄숙한 진통을 한다

아프게
깊고 뜨거운
하루의 문 열기 위해

얇은 안개 옷을 벗고 살짜기 비켜서면

푸르게 펼쳐지는 산 능선의 곡선미들

황금빛
여명을 끌고
등을 켜는 아침 해.

선탈蟬脫 1

칠 년을 토굴에서 도 닦은 나의 이력

내 소리 영악하다 사람들은 말하지만

한 생의
뜨거운 절규
나를 찾는 내 일생

큰 허물 작은 허물 고정관념 틀을 깨며

송곳처럼 찌르며 톱질하듯 캐는 내력

그 아픔
박차고 나온
여름날의 청춘 일기.

선탈 2

여름의 끝을 잡고 내 귀에 들리는 말

어렵고 힘든 마음 거친 세상 호소하듯
누구도
막을 수 없는
안타까운 외침 소리

내 맘속 또 다른 나 다시 또 찾아간다

서로를 감싸주고 용서할 줄 아는 마음
탁 깨고
나와야 하리
소통하는 대화 방.

선탈 3

육십오 년 분단의 역사 그 얼마나 아팠던가
대립과 반목을 넘어 얼어붙은 남북 관계
더 이상
전쟁은 없다
냉전 해소 비핵화

사월의 남북대화 세계가 궁금했다
겨울 동토 껍질 깨고 꽃피운 민족의 봄
새로운
역사의 시작
평화통일 공동선언.

아픈 사월

잔인한 사월 바다 진도 해상 세월호는

온갖 모순 등에 지고 잃어버린 아이들과

세상을
다시 가르친다
진실함과 정직함

모두가 두 손 모아 기적아 일어나라

계절은 아이들의 영혼인 양 꽃 피는데

누구도
지켜줄 수 없는
안타까운 후회, 반성.

가을 부석사

봉황산 부석사의 가을로 찾아갔네
안양문 계단 오르니 석등 먼저 인사하고
빛바랜 무량수전의 배흘림기둥 반겨 맞네

가을의 양광으로 마지막 빛을 붙들어
부석사는 단풍 궁궐 숯불처럼 타오르고
안양루 앞 겹겹의 산맥 삶의 질곡 가르치네

안양루 밑 좌측에서 무량수전 바라보면
다섯 분의 부처님상 신비의 유령 불상
부석사 지키는 보전 불상 불가사의 환상인가

의상대사 흠모한 당나라 신묘 낭자
동해용 부석이 된 애달픈 전설 타고
빛 고운 무지개를 끌고 하늘길을 여는가.

겨울 자작나무

윙윙윙 몸을 떨며 겨울에 매달려서
나목의 하얀 허리 까칠한 껍질 세워
눈부신 세상 속 길을 풀어놓은 하얀빛

몸 밖에 바람 치며 몸 안에 새겨온 꿈
말갛게 퍼져가는 한 줌의 눈물 되어
둥글게 나이테 하나 몸속 깊이 새기며

어쩌다 너의 무리 대관령 능선에서
푸르게 뿌리 내려 바람에 빗장 걸고
하얗게 흔들리면서 세상 안부 묻는가.

기다리는 봄

혹한의 버거움을 하늘 은행 계절과로

봄기운 대출받아 내 고향 앞동산으로

사랑의
우체국 속달로
아지랑이 불러내고

연둣빛 봄 엽서로 나목엔 말간 수액

봄비의 수혈 받아 꽃 노래 번져가면

옛 친구
모두 불러와
고향의 봄 노래하리.

낙안읍성

과거와 현재가 동행해 더 아름다운
초가집 하나하나 동화 속 마을 같다
오래된 공간을 오롯이 품고 있는 정다움

누군가엔 처음이고 누구는 늘 생활 속인
처마 밑 제비 집도 지붕 속 참새들도
더불어 함께 살고 있다 안온하게 감싸며

시간이 거꾸로 흐르는 듯한 초가집에서
백이십여 세대의 평온한 삶의 현장
툇마루 걸터앉은 시간이 따뜻하게 웃는다.

경주 남산

수많은 암자들이 능선마다 자리 잡고
산 하나를 바위마다 불상으로 새겼으니
얼마나 많은 정 소리가 메아리로 울렸을까

석공은 달빛을 지고 부처를 만들었고
석불은 인자하다 지붕 없는 박물관
신라의 시간 속으로 들어가 묻고 싶다

마음의 문을 열면 보이지 않던 것이
늘 같지 않던 것이 하나하나 다 보인다
바위에 영혼을 불어 넣어 부처님이 된 것을.

봄 길

연분홍 꽃 메아리
살랑바람 손잡고

꽃 노래 아슴아슴
이 산 저 산 번져가면

한 마리
나비가 되어
설렘으로
가는 길.

제주의 돌

뭍을 위로하는 섬
까맣고 무뚝뚝한

구멍 숭숭 현무암
이야기와 표정이 있고

투쟁의
역사가 있다
예술 쉼표 결정체.

청개구리

말간 하늘 둥근 연못에

아주 작은 귀염둥이

풀꽃의 단짝 친구

한가한 여름날에

연둣빛
고집 주머니
개굴개굴 푸르다.

미소

따뜻한 사랑으로

긍정을 불러내는

행복이 벙그는 꽃

평화의 고운 음표

기쁨이
피져 나오는
환한 고요의 메아리.

조선의 달

후쿠오카 사월의 밤 활짝 핀 벚꽃 사이로

반가운 환한 얼굴 내게 살짝 웃는 달님

여행길
함께 따라와
나를 반겨 맞는다

그 옛날 나라 잃고 이 땅에 끌려왔던

수많은 조선인들도 저 달에게 꽃에게

그리운
말 주고받으며
함께했겠지 널 보며.

4부

따뜻한 동행

봉사는

나와의 약속이다 따뜻한 인연 따라

배려와 공감으로 서로가 위로받고

봉사는
감동으로 하는 것
실천하는 사랑이다

애잔함 다독이며 가슴으로 우러나는

마음을 이어주고 서로를 바라봄이다

봉사는
무조건이다
정을 주고 기쁨 받는.

그냥

누구를 좋아하며 무엇이든 긍정하는

순수의 그 마음을 그냥이라 말할까

아무런
이유가 없는
너그러운 둥근 말

우리가 살아가며 헐렁하고 넉넉한 품

따뜻한 마음 한켠 조건 없이 내어주며

덤처럼
정겹고 푸근한
너털웃음 통쾌함.

따뜻한 동행

언제나 만날 수 있는 것만으로 행복한

쳇바퀴 같은 인생 배우고 봉사하며

마음속
소중한 인연
별자리를 이루고

같은 생각 익숙해진 동행길 감사하며

평범함을 위대함으로 서로 돕고 다독이며

빛 고운
노을을 타고
푸른 열차 동행선.

멋진 강원문학 지킴이

–강원문학회장 김양수 교장 선생님 정년퇴임 축하합니다

언제나 인자하고 너그러운 모습으로
나라 기둥 바른 교육에 몸 바치신 선교자요
올곧은 스승의 표상 우러러보입니다

강원문학 발전 위해 궂은 일 마다 않고
어려운 살림살이 모두를 다독이며
굳건한 초석이 되어 구심점 된 선구자

생명의 소중함과 그 신비를 일깨우며
우리 얼 고이 담긴 아름다운 동심의 꿈
강원도 문학 열차에 기적 빵빵 울립니다.

바보가 된 사월

갑오년 봄 온 국민이 바다만 바라봤다

죄인이 따로 없는 안타까운 마음에서

파도만
아우성치며
발만 동동 굴렀다

원성을 떨치려는 그 햇살 너무 시려

얼마나 그리울까 잉가슴이 먹먹하다

이제는
정신 차리자
깜빡이며 켜는 등불.

이야기 할머니 1

노을빛 아름답게 설레는 예쁜 사랑
이 나라 인성 교육 사명을 띠고 꿈을 엮네
역사 속 사설을 풀어 옛 성현들 숨결 넣어

기죽은 아이에겐 지혜와 용기 주고
슬픔에 빠진 아이 위로와 사랑 주며
할머니 이야기 속에는 매도 있고 약도 있죠

한 대를 뛰어넘은 할머니 무릎에서
오순도순 정겹고 따뜻한 이야기 길
사랑의 이야기보따리 곱게 풀어 전하리.

이야기 할머니 2

나는요 아름다운 이야기 할머니죠
재미와 감동으로 따뜻하고 뿌리 깊은
미담 속 지혜를 꺼내 사랑으로 전하죠

초롱한 눈망울에 귀염둥이 예쁜 천사들
이야기 속에는 꿈도 있고 길도 있고
서로가 주고받는 정 함께하며 즐겁죠

이야기 할머니는 새 시대 역사가 되고
할머니 이야기는 꿈 키우는 전설이 되죠
조상들 아름다운 향기로 꿈나무가 자라요.

잊힌 꽃들의 노래
-위안부 할머니들 만나 뵙고

이 모진 생명의 껍질 알맹이는 고국에 묻고 싶소
이 나라 귀한 딸로 태어나 지옥 같은 긴 터널
왜놈들 짓밟힘 속에 꺽꺽대던 목울음

희디흰 옥양목에 때 묻고 구겨진 생
모진 세월의 강 돌고 돌아 죄인처럼 살아야 했던
사무친 앙가슴 속의 한 스러져간 꽃송이들

여린 날개에 비치던 고향 산천 부모 형제
바람에게 들려주고 별님에게 그려주던
빛바랜 꽃들의 노래 그대 눈물 꿈의 생명.

노란 리본을 달며

들리니? 통곡 소리 노란 리본 전하는 말

착하고 여린 꽃들 비명으로 사라진 봄

암흑의
차가운 창 속
낙인처럼 버린 양심

핏빛 노을 울음 우는 팽목항 사월 바다

하늘이여 바람이여 가여운 나비 떼들

마지막
애원의 인사
사랑한다 미안해.

바람의 노래

순백의 마음에서 간절한 염원 담아

요란스런 투쟁으로 한 생을 불사르는

그 숨결
비장한 숨소리
꽃이라고 말한다

언제나 역마살로 어디 한 곳 머물지 못해

변화무상 소용돌이 메아리로 울지만

때로는
미풍으로 피어
거친 세상 쓰다듬다.

석류꽃

주홍색 고깔모자
앙증맞게 웃고 있네

고운 꿈 담뿍 담아
가을을 준비하며

눈부신
보석 주머니
꿈을 꿰고 있구나.

봉선화

너와 나
살을 섞어

빨갛게 물들어서

사랑의
흔적으로

꽃불 새긴 반달 손톱

여름날
추억을 깁는
아름다운
꽃 골무.

작은 것에서부터

평범한 하루하루가
인생의 길이 된다

사랑과 꿈이 모여
삶이 되고 희망이 된다

작지만
소중한 순리
멋진 열매 행복 된다.

향수

고향을
눈에 넣고
그리운 곳
돌아보면

기억의 꽃자리들
꿈으로 피어나고

아련한
마음의 동산
무지갯빛 보물섬.

틈

좁지만 꿈은 크다
남몰래 지켜보며

호기심 자꾸 자라
이리 기웃 저리 기웃

틈새로
비집고 나온
일곱 빛깔 무지개.

파동

누구나 남모르는 아픔과 통증이 있다
맘과 몸 구석구석 송곳처럼 뿌리내려
쑤시는 아픔과 고통 숨기고 싶은 비밀

저마다 고유로운 특유의 파동이 있다
온유함과 싸늘함 나무와 꽃 바위와 물
서로가 흘러가는 길이 파동으로 사는 것

세상이 나를 움직이는 것이 아니다
내가 둥근 세상을 움직이는 것이다
믿음과 마음의 기술 하나로 곧 치유다.

봄날에

내 안에서 세상으로 문 열기가 쉽지 않다
일상의 모든 일들이 순서와 이치 있듯이
봄날의 변화와 열림을 떨림으로 맞는 일

마음으로 도전하는 자유로운 생각의 향기
뜨거운 가슴앓이를 새파랗게 키워가며
세상의 경계를 넘어 나를 찾아 헤맨다

갠 하늘 아득한 들녘 투명한 입김으로
설렘의 바람 따라 냉이꽃만 한 자존심으로
따뜻한 사랑의 대화 변하지 않는 해맑음으로.

찻잔 속 꽃 그림자

봄 벚꽃 휘날리던
허난설헌 생가 뜨락

작은 찻잔 꽃잎 배
내 맘도 그리움 되어

백련차
찻잔 속에서
고운 봄날 안고 왔네.

흔적

깊어진 주름 속에
매달린 시간들이

뜨겁게 길을 내어
선하게 앞장서 온

오늘의
삶의 지도가
너그러운 그 얼굴.

5부

길 위의 한 풍경

성산 일출봉

가장 먼저 환한 빛으로 산의 속살 훤히 드러낸
성처럼 우뚝 선 오름 오랜 신화 숱한 전설
우람한 성지 주인공 제주 십 경 중 제일 경

세월에 파인 암벽이 바짝 각을 세운 암봉은
삐쭉빼쭉 테두리로 신라 왕관 닮았구나
빼어난 제주의 자랑 유네스코 세계자연유산

어디서 바라보든 전혀 다른 낯선 모습
거센 파도와 싸우고 모진 바람과 맞서느라
상처가 수두룩하다 그래서 더욱 아름답다.

영산강의 봄

아른대는 물비늘이 무안에서 봄을 키워

호남평야 길을 물어 몽탄진 등대 지나

연포탕
남도의 봄맛
쫄깃하고 달구나

남도의 봄빛 싣고 황포 돛대 어서 가자

유채꽃 노란 웃음에 상춘객들 수를 놓네

영산강
어깨춤 추며
흘림 장단 신난다.

제주 돌담길

바다를 품은 땅에 시꺼멓고 구멍 숭숭

울퉁불퉁 투박한 돌 추사 선생 한이 밴

검은 돌
예술 혼백이
깃들었다 돌담에

바람도 휘어가고 마음도 쉬어 가는

이승에서 지고 간 짐 얼기설기 돌담 사이

긴 함성
돌담을 빠져
파도치고 있었다.

일몰

아득히 해가 진다 또 하루 목숨 바쳐

노을이 깔린 방향은 성숙한 지혜의 방

책임과
반성의 시간
감사하며 인정하는

붉은 해가 손 흔들며 땅거미 끌고 온다

기다림 가져오고 그리움도 두고 간다

더불어
손잡고 나온
달과 별의 동행길.

섶다리

–영월

빛바랜 추억 한 컷 강물 위에 꽃피워 본다

정겨운 나무와 흙 청솔 향기 은근하던

먼 시간
지켜온 사랑
그리움 같은 반가움

다리는 언제나 미련으로 설레고

바람처럼 스쳐 간 낯익은 어제를 지나

아련히
사색이 꽃피는
아름다운 소통의 길.

상선암의 인연

정갈하고 고즈넉한 경주 남산 상선암에서

스님과 다람쥐의 나눔과 어울림은

혼자가
아닌 서로가
소통하는 자비다

말 없는 돌부처도 대자연의 섭리를 안고

긴 시간 수많은 인연 순환과 경계가 있다

촘촘히
이끼를 덮고
서로 기댄 동행이다.

무지개

너와 나 만남이야
하늘땅 맞잡은 손

반짝이는 일곱 날개
곱게 걸어 빛나는 꿈

환희의
악보를 펴고
쏘아 올린 포물선.

길 위의 한 풍경

같은 곳에 서 있다고 같은 것을 보지 않고

같은 곳을 본다 해도 같은 것을 느끼지 않는

저마다
세상을 보는
사진들은 다른 것

서로가 관심 갖는 감동의 하모니도

무심코 지나쳐 버린 홀대받는 풍경에게

생각의
날개를 펴는
길을 찾는 사람들.

달빛 지문

–경주

소나무의 휘파람이 옛날의 그 느낌을
지문으로 보낸다 돌부처 하나에도
신라의 혼이 숨 쉬는 대자연의 법문을

해도 달도 돌계단 지르밟고 따라 뜨는
물길 지나 산길 지나 올곧은 대숲 지나
칠불암 남산의 요람 바위 속의 부처님들

달빛의 움직임과 원근의 명암으로
돌부처 자비로운 미소까지 읽어낸다
달 가루 부서지는 반짝임 달빛 지문 황홀함.

경포대로 와보세요

동해 푸른 솔 향 강릉 전통과 문화가 살아 숨 쉬는 곳
제일 강릉 경포대로 구경 와보시지요
누구든 경포대 정자 그 풍경에 취해보시길

경포호 둘레길은 사색과 건강의 길
이야기 담은 테마 길 가시연꽃 핀 시 탑 길
정다운 사랑 이야기 오순도순 속삭이는 길

두둥실 보름달이 떠오르면 달려와 봐요
하늘 달 호수의 달 술잔의 달 그대 두 눈 속
다섯 개 달을 만나는 낭만의 정자 경포대.

곶자왈* 공원

−제주

아마존을 연상시키는 자연 그대로 천연의 숲
나무로 엉클어진 정글과 돌멩이들
광활한 습지와 이끼들 깊고 질긴 생명의 땅

끈기와 노력으로 숲을 지킨 제주인들
자연과 함께하며 순리 따라 자라온
인연과 샛길이 깃들어 만들어진 행복한 길

일만 년의 신비로 만들어진 생태 습지
푸른 이끼와 고사리들 조랑말 말테우리길
현무암 가시나무 길 꿈을 꾸는 곶자왈.

* 제주도 천연 숲으로 나무와 덩굴 등이 엉킨 숲을 말한다.

동백

흰 눈 속도
굽히지 못한

선명한
사랑의 말

뜨겁게
달구어진

부끄러운
붉은 볼엔

한사코
고개 떨구며
그리움이 달렸다.

소나기

느닷없이 날벼락에
먹장구름 휘몰아쳐

빗줄기 바람 타고
사정없이 퍼붓고는

시침 뚝
햇살이 살짝
무지개를
걸었다.

매화는

겨울이
자릴 털며

봄맞이 꽃샘바람

아쉬움
잡아끌며

손끝을 깨무는데

매화는
아랑곳 않고
온몸으로 향기 뿜네.

안개

아주 작은
물방울이

마법처럼 춤을 추지

자연이
부여한

경계와 순환 따라

자유의
수레바퀴처럼
아늑하고 아득함.

죽순

빗소리
노크하면

내면의 울림 안고

구슬땀
흘리면서

고개 쑥쑥 내민다

올곧은
청대의 위상
장엄한 시작이다.

파문

경포호수 아롱이는 물비늘 바라보다

청둥오리 물길을 끌고 반짝이며 지나간다

그 무늬
아픔으로 피어
번져가는 내 그림자

늘 외톨이로 서성이는 어눌한 내 마음이

세상의 간격 속을 굽이치는 물결 따라

내 부표
중심을 잡고
띄워본다 봄노래.

연등

봄 한 필
환한 날에

진달래 꽃빛 타고

연화등에
두 손 모아

소망 하나 내겁니다

자비의
무지개 경전
화엄경을 읽는다.

힐링의 나무 길

화부산* 소나무 떼 언제 봐도 맑은 음표

향기로 인사하며 파란 촉이 눈부시다

긴 시간
다져온 허리
수행자처럼 거룩하다

몸 밖의 비바람을 침묵으로 키우면서

아둔한 세상 속 길 한 줌의 눈물마저

둥글게
쓰다듬으며
또 하나의 길을 품다.

* 강릉 시내 명륜당을 감싸 안은 작은 산.

고니

겨울 경호 거닐다가 귀한 손님 맞았다
정신없이 엿보았네 두근대는 가슴 안고
백조들 신비한 춤사위 초자연적 뮤지컬

어느 별 손님인가 경포호 무대 위로
때로는 서럽도록 눈물의 호된 시련
살면서 보냈으리라 저 의연한 모습까진

보이지 않는 시간 속에 멋진 모습 되었지만
심상찮은 너의 이력 동화 속 미운 오리
행보의 쉼표를 찍어 반갑구나 고니여.

| 해설 |

아름다움의 눈으로 뽑아 올린 시조의 가락들

남진원 문학평론가

I. 여는 글

내가 김기옥 시인을 만난 것은 1993년 강릉예총에서 문을 연 문예창작 교실에서였다. 강릉예총에서 실시하는 문예창작반 강사로 초빙되어 시조 강의를 할 때 만난 몇몇 학생들 중의 한 사람이었다. 그곳에서 시조 공부를 한 후 김기옥 시인은 1996년 《현대시조》를 통해 등단하여 시조 작가가 되었고 2005년 8월에는 시조집 『그리움 그 푸른 악보』라는 시조집을 상재하였다. 그 후 나는 김기옥 시인과 영동시조문학회, 강호시조문학회, 강원시조문학회, 강릉문인협회, 한국시조시인협회 등에서 활동을 같이하면서 문학 도반으로 지낸 지 20년이 넘었다.

김기옥 시인이 처음 시조집을 냈을 때에 나는 책 말미에 「외로운 얼굴, 그리움의 정서」라는 제목으로 발문을 썼다. 당시 김기옥 시인의 시조를 읽으면서 받은 느낌은 정서의 실들이 모여 감각의 옷을 짜고 있는 듯하다는 것이었다. 그리고 그 정서는 그리움을 동반하고 있었다.

김기옥 시인은 자연에서 그리움의 시적 대상을 선택하고 있었다. 정서의 무늬는 즉물 판타지처럼 찍히는 상상의 사진이 아니라 감정의 바늘귀로 수를 놓는 무늬였다. 배반하지 않는 자연, 이해타산을 앞세우지 않는 작품 속에는 김기옥 시인의 그리움이 담겨 있었다. 그래서 작품을 읽으면 부담 없는 편안함과 흥취, 멋이 있었다. 그리움의 서정성에서 한 걸음 더 나아가 청정심淸淨心이 깃든 것도 볼 수 있었고 불심에 가득 찬 마음을 느낄 수도 있었다.

이번에 또 세 번째 시조집을 내면서 발문을 청하였다. 그러니 13년 만인 셈이다. 그간 김기옥 시인은 문학에 정진하여 상당한 성과를 얻었다는 것을 알았다. 그의 시적 변모가 그것을 말해주고 있다.

II. 시인의 시적 세계

1. 서정성과 그리움

김기옥 시인의 서정성은 시간을 지나오면서 한층 깨끗하고 맑아졌다. 절차탁마의 결과인 것이다. 그리고 그의 서정성은 세 번째 시집에 오면서 두 갈래로 나누어지는 것을 볼 수 있다. 하나는 동심적 서정성이고 다른 하나는 인간에 대한 그리움을 껴안은 서정성이다.

연분홍 꽃 메아리
살랑바람 손잡고

꽃 노래 아슴아슴
이 산 저 산 번져가면

한 마리
나비가 되어
설렘으로
가는 길.
—「봄 길」 전문

꽃 핀 봄 길을 걸어가는 사람들의 모습이 한 편의 동화 같은 모습으로 다가온다. 봄 길을 걷는 것은 얼마나 반갑고 즐거운 일인가. 살랑바람 속에서 한 마리 나비가 된 기분으로 걷는 것은 너무도 자연스런 일일 것이다. 다음의 작품 「소나기」 역시 동시조 같은 동심이 담긴 시조이다.

느닷없이 날벼락에
먹장구름 휘몰아쳐

빗줄기 바람 타고
사정없이 퍼붓고는

시침 뚝
햇살이 살짝
무지개를
걸었다.
—「소나기」 전문

대체로 작품을 통해 받는 시적 감동은 몇 가지 측면이 있다. 진솔성, 반전성, 표현의 참신성, 철학성 등이다. 이 작품 역시 동심이 담긴 작품으로 매우 감동을 주는 단시조인데 매력은 반전성이다. 소나기가 눈 깜짝할 사이에 내리더니, 언제 그랬냐는 듯이 시침을 뚝 떼고 햇살이 살짝 무지개를 걸어놓았다. 먹장구름이 몰아치던 상황에서 햇살이 비치고 무지개 등이 화려하게 걸린 반전의 재미가 이 시조에 한층 즐거움을 주고 싱그러움의 매력까지 더해주었다.

이와는 달리 인간에 대한 그리움의 서정성이 짙게 배어 잔잔한 감동을 전하는 시조들이 있다. 첫 시집을 낼 때에도 『그리움 그 푸른 악보』라는 시집의 제목에서 알 수 있듯이 서정시의 징후를 예고하고 있었다.

누군가를 사랑하는 그리움이 가을이라면

얼마나 그윽할까 가득 채운 든든한 맘

홀홀히
비워 맑아지는
삶의 쉼표 그 무한함

달에 난을 치려고 푸른 붓 들고 보니

단풍 궁궐 환한 밤 글 읽는 귀뚜라미

달빛은
사색을 끌고
내 마음도 쓰다듬네.
—「가을 사색」 전문

첫 시집을 낸 이후 시적 완성도가 매우 높은 서정성 짙은 작품들을 쏟아내고 있다. 시조 「가을 사색」은 누구에게나 서정의 물이 들게 하는 아름다운 작품이다. 첫 수는 비움의 미적 정서를 전하고 있다. 가을이 쓸쓸한 이유는 푸름을 자랑하던 나무며 풀들이 모두 잎을 내려놓고 쓸쓸히 자신을 비우는 모습에서 외로움 짙은 마음에 잠기게 하기 때문이다. 그러나 외로움보다는 비워서 맑아지는 마음의 청량함에 젖을 수 있는 것이다. 둘째 수는 귀뚜라미가 우는 달빛 푸른 밤의 정경을 그리고 있다. 달빛이 사색을 끌고 마음을 쓰다듬는다는 표현에서 더 절실한 감정에 동화되고 만다.

두 번째 시집 이후 7년 만에 내는 시집이라서 그런지 시적 완숙미가 배어 있다. 시조 「가을 사색」에 이어 「그리움」은 내적 성찰에서 비롯된 '간절함'을 그리움으로 환치하여 시적 효과를 상승시키고 있다.

문득 한 컷 실루엣 오롯이 피어나는

안타까운 보고픔이 내려놓고 덮으려도

이끌려
끊이지 않는
다시 묻는 마음 안부

또 하나의 하늘에도 내 속에 숨은 나도

절절히 잡히지도 끝나지도 않는 나의 기도

돌이킬
상생의 노래
다시 불러봅니다.
—「그리움」 전문

앞의 첫 시집에서 나는 김기옥 시인이 "배반하지 않는 자연 속에, 그리고 이해타산을 앞세우지 않는 자연 속에 그리움이 담겨 있다"라고 말했다. 사람과 친해지기보다는 사물과 친해지고 있는 역설의 미학이었다. 그러나 이번 시집 속의 작품 「그리움」에 오면 훨씬 인간적이다. 인간이 중심이 된 상태에서 자연은 부수적 사물로 작용하며 그리움을 돋우어주는 역할을 하고 있는 것이다. 또한 그리움에다가 소박한 희망의 등을 달아놓는 것도 잊지 않았다.

2. 불교적 세계에 닿은 작품들

김기옥 시인의 이러한 서정성은 매우 자연스럽다. 그렇기에 마음을 정화하는 명상의 시간 속으로 자연스럽게 빠져들어 조용히 자신을 불교적 관조의 세계로 데리고 간다.

맑고 둥근 거품 안에 오롯이 내가 있다

고요한 침묵 안에 어수선함이 차분하게

내 안에
명료한 길이 난다

순화되는 내 마음

나무와 새소리가 바람과 물소리가

마음을 다독이며 어느 순간 답을 한다

자연과
나와의 대화
하나 되는 대우주.
—「명상」 전문

시 창작을 하다 보면 자연히 빠져드는 물음이 있다. '시를 쓰는 나는 누구인가?', '인생은 어디서 와서 어디로 가는 것인가?' 이런 내면에 대한 자각과 물음이다. 그런 과정에서 명상과 관조는 참된 자신을 찾는 문제에 매우 접근해 있다고 할 수 있다. 김기옥 시인 역시 명상을 통해 삶에 대한 자신의 본래면목을 찾아가는 시도를 한다. 그리고 끝내 자연과 나와의 대화를 통해 우주와 하나가 되는 삼매경에 드는 것이다.

'나는 누구인가?' 이러한 물음은 옛날 불가에서부터 끊임없이 탐구해온 화두이기도 하다.

인간의 몸과 생각을 불가에서는 '안이비설신의眼耳鼻舌身意'라고 한다. 이러한 사람의 몸과 생각은 허망하다. 사람이 죽으면 어찌 되는가? 몸은 원래대로 흙으로 돌아가고 따뜻한 기운은 불로 돌아가고 숨 쉬던 공기는 바람으로 돌아가고 몸속의 수분은 물로 다시 되돌아가는 것이다. 그리고 생각 역시 실체가 없는 허망이고 인간의 마음인 성품만 생사가 없는 그냥 그 본래의 면목으로 있는 것이다. 원래 있던 것이니 없어질 수 없고 그렇다고 눈으로 보려야 볼 수도 없는 것이다. 즉, 인간의 몸은 죽어 없어졌지만 그 구성요소는 그대로 돌아가 우주가 되어 있는 것이다. 그러니 사람은 죽었지만 죽은 것이 아니라 죽음을 통해 다시 거대한 우주가 된 것이다. 그러니까 죽음은 원래의 자리로 돌아가는 것이니 고향을 찾아가는 것과 같다. 이처럼 즐거운 일이 어디 있으랴. 그래서 중국의 현인 장자는 아내가 죽었을 때 춤추고 노래했던 것이리라. 김기옥 시인의 작품 「명상」 역시 구도를 통해 우주와 자신이 하나가 되는 자리를 보여주는 작품이다.

그의 또 다른 작품 「달팽이」와 「힐링의 나무 길」 역시 같은 맥락에 놓여 있다. 그렇지만 그 대상이 본인 자신이 아니라 객관적 상관물인 달팽이와 소나무로 대치하였다.

집 한 채 등에 지고 온갖 세상 헤쳐 가며

오감의 촉각으로 만져보고 느끼면서

우주의
가장 멋진 길
나를 찾는 생각 지도

촉촉한 삶 찾아가요 끈끈한 사랑으로

더 값진 것 보기 위해 더 값진 것 듣기 위해

선불리
파악할 수 없기에
눈 귀 닫고 더듬이로.

—「달팽이」 전문

객관적 생명체인 달팽이의 모습을 통해 삶을 들여다보고 있다. 집을 그대로 지고 옮겨 가는 달팽이는 오감 중에서 촉각으로 만져보며 느끼면서 간다. 달팽이의 움직이는 모습이 '참나'를 찾는 가장 멋진 길이며 '참나'를 찾는 생각 지도인 것이다. 달팽이의 행동이 어찌 보면 인간의 행위보다 더 위대할 수도 있다. 정말 섣불리 파악할 수 없는 것이기에 눈과 귀를 닫고 더듬이로만 가는 세상, 그것 말이다.

화부산 소나무 떼 언제 봐도 맑은 음표

향기로 인사하며 파란 촉이 눈부시다

긴 시간
다져온 허리
수행자처럼 거룩하다

몸 밖의 비바람을 침묵으로 키우면서

아둔한 세상 속 길 한 줌의 눈물마저

둥글게
쓰다듬으며

또 하나의 길을 품다.

—「힐링의 나무 길」 전문

소나무의 모습을 통해 수행자의 의연함을 나타내고 있다. 세상의 풍진에 묻은 비바람을 오직 침묵으로 키워가는 소나무는 한 줌의 눈물도 둥글게 쓰다듬으며 새로운 또 하나의 길을 내고 있음을 본 것이다. 여기서 수행자는 소나무이며 작자 자신이기도 하다.

앞의 세 작품에서 보여주듯이 김기옥 시인은 작가 자신의 명상적 체험을 통해 구도의 길을 보여주었고 그것은 다시 달팽이와 소나무로 이어지고 있다. 또한 자신의 진정한 모습을 찾아 나서는 길은 '강물' 앞에서 잠시 멈춰 서기도 한다.

생의 원천 그 앞에서 흐르는 삶을 배우네
생각도 물의 깊이도 어느 굽이 어느 여울목
저만치 휘어진 강물길 내 선 자린 어딜까

때로는 마음 급해 우르르 뛰다가도
유유히 한적을 짚어 사는 것 실험하면서
물고기 지느러미 타고 생의 모험 떠나지

어느 굽이 달리다가 낯선 친구 만나서도
쉽사리 얼싸안고 기쁨도 괴로움도
감싸서 포용해주는 그 용기가 부럽소

물그림자 거울 속엔 내 꿈도 띄워보고
물안개 피어나면 내 허물도 묻어두고
황홀한 저녁 낙조엔 내 영혼의 길도 낸다.
—「강물처럼」 전문

첫 수와 셋째 수는 의미의 연결성에 서두르다 보니 가락의 연결성에 다소 무리가 보이기도 한다. 그러나 작품 속에서 자신을 찾아가는 내면의 세계를 깊이 있게 엮어내고 있다. 넷째 수에 오면 허허실실의 묘미를 느끼게도 하기 때문이다. 물안개와 물그림자에 허물을 묻어두기도 하고, 또한 꿈도 띄워보고자 한다. 그러면서 황홀한 저녁 낙조 앞에서 영혼의 길을 내고 싶다고 한 것이다.

3. 역사적 의미의 궤적

김기옥 시인은 한 권의 시조집에서 다양한 시각으로 접근한 많은 작품들을 선보이고 있다. 그중에서는 역사적인 흔적을 찾아 떠나는 마음 여행이 있다. 그리고 그 여행 안에는 구도를 향한 불교적 세계관이 깃들어 있는 점은 김기옥 시인의 한 특징이라 하겠다.

나는 앞서 김기옥 시인의 시집 발문에서 "역사는 한 시대 삶의 증거이다. 한 개인의 삶이 글 속에 묻어나듯이 역사는 그 시대 사회와 민중의 희로애락이 먹물처럼 번져 나온다. 시인은 살아 있는 현재의 역사임과 동시에 과거의 역사를 되살리는 역사의 낚시꾼이어야 하며 내일의 향방을 언어로 노래하는 예언자이어야 한다"라는 말을 하였다.

김기옥 시인은 앞의 시집에서 몇몇의 작품을 통해 역사의 흔적을 되짚어보고 오늘의 의미를 찾고자 하였다. 그러한 노력은 이번에도 여러 작품에서 나타나고 있다.

청솔 향기 바람에 어려 푸른 혼이 맥박 뛰는
긴 행간 명상으로 얼을 지킨 허난설헌 뜰
축하객 꽃구름처럼 방방곡곡 보인 손님

사백 년 시혼을 밟은 오늘은 그대 뜰로
꽃술 치마 차려입고 동해 푸른 용 불러 타고

영롱한 꽃 그림자로 오십시오 사뿐히

이 자리 님을 향한 경건한 마음들이
봄꽃 화음 메아리 속 맑은 차 올리오니
기쁘게 흠향하시고 따뜻한 정 누리소서

선경을 넘나들며 홍길동 탄생시킨
꿈속에 노닐었던 광상산 무릉도원
오 문장 혼이 숨 쉬는 문학 산실 옛 터전.

―「초당 그대의 뜰에서―허난설헌 생가 헌다례 제전에서」 전문

'오 문장'은 조선시대 대학자 허엽과 그의 네 자녀를 가리키는데 그중에 허난설헌이 한 명이다. 다례를 지내는 모습을 형상화하며 난설헌의 작품을 드높이고 존경과 기원을 담은 작품인데, 시적 판타지가 돋보인다. 시조의 가락이 물 흐르듯이 유려하고 고운 점도 훌륭하다.

김기옥 시인의 역사의 흔적을 찾는 노력은 계속된다. 강릉의 객사가 있던 입구에 우뚝 지켜 선 객사문을 소재로 쓴 시조 「객사문의 봄」은 역사적 향기와 함께 매우 신선한 느낌과 감동을 준다.

알싸한 꽃샘바람 돌담길 굽어 돌아

객사문 안 청매화에 봄 우표 붙이고서

역사 속
긴 사설 풀어
송이송이 향기 뿜네

긴 시간 휘돌아 온 봄 한 자락 필을 감아

귀한 손님 영접하던 대청마루 난간으로

아득히
바람을 꿰며
봄을 여는 새소리.

—「객사문의 봄—강릉」 전문

강릉의 객사문 부근은 대도호부가 있던 관아 터였다. 객사문 안으로 들어가면 담을 따라 주위에 매화나무들이 줄지어 서 있다. 이른 봄이면 눈부실 정도로 환하게 꽃을 피우고 향기를 퍼뜨리는 걸 볼 수 있다. 김기옥 시인은 매화가 향기를 뿜어내며 역사의 긴 이야기를 하는 걸 듣고 있는 것이다. 김기옥 시인의 역사적인 시적 안목은 여기에서 그치지 않고 그 영역을 확장하고 있다.

수많은 암자들이 능선마다 자리 잡고
산 하나를 바위마다 불상으로 새겼으니
얼마나 많은 정 소리가 메아리로 울렸을까

석공은 달빛을 지고 부처를 만들었고
석불은 인자하다 지붕 없는 박물관
신라의 시간 속으로 들어가 묻고 싶다

마음의 문을 열면 보이지 않던 것이
늘 같지 않던 것이 하나하나 다 보인다
바위에 영혼을 불어 넣어 부처님이 된 것을.
—「경주 남산」 전문

시인은 왜 끊임없이 역사의 흔적을 찾아 나서는 것일까? 역사는 지나온 우리의 얼굴이며 발자국이며 숨결이기 때문이리라. 그리하여 역사를 찾아 떠나는 여행은 나를 찾아 떠나는 여행인 것이며, 또한 나의 참다운 이웃을 찾는 일이리라. 그래서 김기옥 시인은 신라의 시간 속으로 들어가 묻고 싶어 하는 것이다. 신라의 시간 속에 잠들어 있는 수많은 암자와 불상, 석공의 달빛에 이어 묻어나는 석공의 정 소리는 김기옥 시인의 의식을 깨우고 있다. 그리고 바위에 영혼을 불어 넣은 부처의 모습을 만나게 된다.

4. 자연과의 조응照應, 사람과의 조응

시를 쓰는 일은 시를 사랑하는 일이며 시를 받드는 일이다. 시를 사랑하고 시를 받드는 일을 하루에 황금 만 냥을 올리는 일과 같이 한다면 시의 언어는 하늘나라에 들어갈 것이라고 말한다. 시를 통해 하는 사물과의 조응, 사람과의 조응은 너무도 아름다운 일이다.

윙윙윙 몸을 떨며 겨울에 매달려서
나목의 하얀 허리 까칠한 껍질 세워
눈부신 세상 속 길을 풀어놓은 하얀빛

몸 밖에 바람 치며 몸 안에 새겨온 꿈

말갛게 퍼져가는 한 줌의 눈물 되어
둥글게 나이테 하나 몸속 깊이 새기며

어쩌다 너의 무리 대관령 능선에서
푸르게 뿌리 내려 바람에 빗장 걸고
하얗게 흔들리면서 세상 안부 묻는가.
—「겨울 자작나무」 전문

김기옥 시인은 대관령 능선에 뿌리를 뻗고 선 겨울 자작나무의 모습을 보았다. 그냥 본 것이 아니라 나무를 대하면서 나무와 조응을 하고 있다. 자작나무의 하얀빛은 눈부신 세상 속의 길을 풀어놓은 빛으로 보았다. 고뇌의 시간 속에서 세상의 안부를 묻는 한 그루씩의 자작나무는 뭇사람들의 모습이기도 하고 작자 본인이기도 하다. 그리고 자연과의 조응을 통해 나와 사람들의 아픔과 고뇌를 이야기하고 있다. 그건 청청한 슬픔이고 지극한 아름다움이라 할 수도 있다.

한 움큼 마음을 얹어 향기로 묶어주는

실천하는 사람만의 여유와 풍미이다

후덕과
따뜻한 교감
마음 한 줌 깊은 정

서로를 포용하는 넉넉한 피안의 길

고운 덤 다스려서 거친 여백 채워가는

삶 속에
감칠맛 나는
아름다운 마음 솔기.
—「덤」 전문

시조 「덤」은 사람이 사람과 조응하는 작품이다. 참 좋고 마음이 편해지는 작품이다. '덤'은 원래의 값어치보다 조금 더 얹어주는 일이나 물건을 말한다. 실제로 덤을 받으면 그 양은 그리 많지 않지만 얼마나 기분이 좋은지 모른다. 사람이 사람을 만나 그 관계에서 어떤 마음을 쓰고 대하느냐에 따라 관계가 달라진다. 자신의 것을 조금만 덜어주고 양보

하는 마음을 갖고 살면 이 세상은 아름다워진다.

시조 「덤」에 나타나 있듯이 덤을 주며 사는 인생에서는 서로에게 환희심이 일어난다. 덤은 한 움큼 마음을 얹어주는 일이며 사람 사이를 향기로 묶어주는 일이다. 서로를 포용하는 순간에 피안의 길에 이르고 우리네 삶은 행복해지는 것이다.

III. 맺는 말

시인은 끊임없이 시를 쓰려는 노력을 한다. 그것은 끊임없이 무엇인가를 표현하고 싶은 욕구의 의지이기도 하다. 시인은 언어 속에서 춤추고 노래하며 즐거워하기도 하고 슬픔과 단절의 고독을 맛보기도 한다. 그렇지만 늘 깨어 있다. 그렇다면 깨어 있는 정신의 바탕은 무엇인가? 그것은 선을 향해 발길을 옮기며 그때마다 언어로 창작의 길을 걷는 순수한 마음일 것이다.

김기옥 시인은 부단한 삶의 노정 속에서 부지런히 시조 창작을 해온 시인이다. 나는 김기옥 시인이 처음 시조집을 상재했을 때 그의 작품 세계를 몇 가지로 나누어 살펴보았었다. 그 항목을 다시 열거하면, 율조와 고른 울림, 풍류의

멋, 청정심, 자연에 새긴 서정 등이었다.

이번에 새로이 내는 시조집의 작품들 면면을 보면서 그간 다양한 시적 변모가 있었음을 알았고 시적 정서 또한 많은 변화를 가져왔음을 보았다. 김기옥 시인의 시는 서정성에 그 뿌리를 두고 있었고 지금도 그렇다. 이와는 또 다르게 김기옥 시인의 작품에서 눈여겨볼 만한 것이 또 있는데, 그것은 역사적 의미의 궤적이다. 그의 눈은 초당 허난설헌 생가를 찾기도 하고 대관령의 자작나무에 가 머물기도 한다. 그의 발길은 옛 강릉의 대도호부 자리인 임영관 터를 찾기도 한다. 그의 시선과 발걸음은 불교적 세계관에 닿아, 천년 신라의 고도 경주 남산으로 향하기도 하였다. 시적 영역의 확장이었다.

이제 마무리할 때가 되었다. 아름다운 시심 속에서 창작의 불길을 지피는 김기옥 시인의 시적 내면은 진실하다. 그리고 진실한 상상력을 동반한 그의 서정성은 자연과의 조응뿐만 아니라, 인간과의 조응을 통해 시 세계가 더욱 깊고 넓어졌음을 볼 수 있었다.

우리네 삶은 어찌 보면 아픔과 고통의 연속이다. 이런 상황에서 김기옥 시인은 아름다움의 눈으로 때로는 눈물을 흘리며 때로는 이웃에 대한 봉사와 사랑으로 시조의 가락과 운율을 뽑아 올린다. 그렇게 만들어지는 김기옥 시인의 시조 한 편 한 편은 그의 시조 작품 「덤」처럼 우리에게 가장 귀중한 사랑의 덤을 주는 행위인지도 모를 일이다. 이에 나는 앞으로 더 큰 발전과 양양한 전도가 있을 것으로 기대한다.